Doris Thomsen

# Meine Welt zwischen Schlei und Ostsee

Doris Thomsen

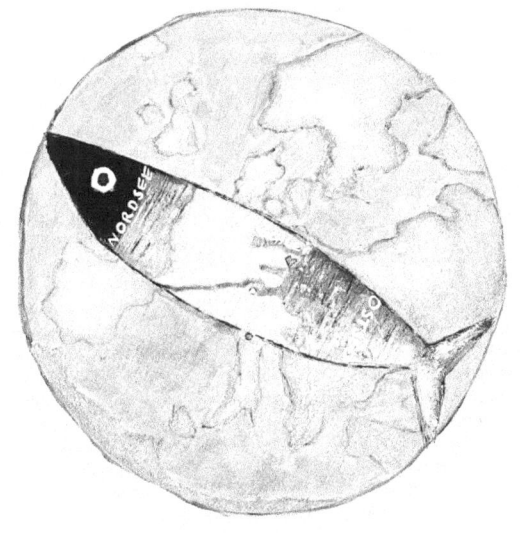

# Meine Welt
# zwischen Schlei und Ostsee

Kurzgeschichten und Gedichte

Bibliografische Information der Deutschen Nationalbibliothek: Die Deutsche Nationalbibliothek verzeichnet diese Publikation in der Deutschen National-bibliografie; detaillierte bibliografische Daten sind im Internet über http://dnb.dnb.de abrufbar.

Verlag: BoD · Books on Demand GmbH, In de Tarpen 42, 22848 Norderstedt

Druck: Libri Plureos GmbH, Friedensallee 273, 22763 Hamburg

1. Auflage - ISBN: 978-3-7597-7986-1

Vielen Dank Aika Kämpfer für das gemalte Titel Cover,
unserem Sohn Ingmar und Gabriella Varbiro
für die spontane Hilfe

Wenn ich den vor mir stehenden Globus betrachte

mag es die Größe einer Erbse

maximal die einer Haselnuss sein

die den Bereich umfasst

auf dem ich  (mit 13 sehr kurzen Ausnahmen)

auf unserem Planeten Erde gewesen bin


und gerade deshalb

bin ich so glücklich


was viele Menschen nicht verstehen können


denn  HIER  ist mein Zuhaus

hier fühle ich mich in Frieden geborgen

mit unserer Mutter Erde ganz tief verbunden


und ich möchte

auch nicht im nächsten Leben

irgendwo anders sein

# Jahrtausend-Wetterwechsel - Erinnerung an 1999/2000

Sternklarer Himmel, frostig, tiefstes Blau - Vollmondnacht

Dunkle Wolken brauen sich zusammen

halten kaltschnäuzig Abenteuerrat

Nord-Ost-Wind imponiert mit neuen Ideen

Regentropfen proben nieselnd, sprühend, prasselnd

oder in Schnee ihre Choreographie

Nebelgeister vertreibend ergreift der Sturm tobend das Zepter

Hagelkörner applaudieren gegen alle

zum Wochenende geputzten Fenster

Ihm folgende Eisblumen werden es am Durchblick scheitern lassen

Windstärken tragen ein Match aus:

welchen Baum bringen wir zu Fall -

welche Dachziegel vermögen wir zu lösen?

Die letzten Herbstblätter lassen wir tanzen,

hindern Menschen ihren Weg fortzusetzen -

wenigstens ein Auto muss auf die Seite gelegt werden

In der Schlei finden sich Ebbe und Flut!

Heringszäune tauchen im Schleihochwasser unter – oder -

der Sturm vertreibt das Wasser -

in Ufernähe könnte man Wattwandern

Frisch gezapfte Schaumkronen auf dem Schwansener See zum

Jahreswechsel –

Ein paar Tage später starten immer noch Ostseewellen

einen Rekord um Größe, Länge und Kraft

nagen sich gefräßig in die Steilküste

ein Stück des Landes zu stehlen

Väterchen Frost möchte Pate stehen

etwas Eisregen – und alles schliddert  …


Dicke Flocken fallen, kleiden jungfräulich weiß,

wechseln ihren Platz – wehend – dem Sturm untertan -

selbst kleinste Flocken erstreben jede Höhe.


"Dat fügt" sagt man hierzulande,

schon geht alles einen Gang langsamer.

Behutsam kriechen Blechlawinen über den Asphalt


Dafür werden die Hausfrauen putzmunter:

Rasch einen Blick in die Vorratskammer – in den Kühlschrank -

und wenn dann auch noch ein Wochenende bevorsteht...

produzieren sie ellenlange Einkaufszettel,

um einen guten Vorrat im Haus zu haben

denn ...man könnte ja einschneien!

Wer hat so etwas in Schleswig-Holstein nicht schon einmal

 miterlebt?

Nerven werden auf Herz und Nieren geprüft

Unbehagen scheint in jeder Körperzelle Gast zu sein

Wenn dann die Heizung ausfällt und sich kein Monteur

durch die 2-3 m hohen Schneewehen kämpfen kann,

das Schrot fürs Vieh knapp wird,

im Stall das Wasser einfriert und sich

diese lebenserhaltenden Leitungen kurzfristig nicht auftauen
lassen wenn ...

aber es vermittelt auch eine besondere Atmosphäre -

Spannung liegt in der Luft

Der Sturm bläst Schnee durch Fenster- und Türritzen

Geborgenheit lädt ein,

mit einem heißen Tee(punsch) am Ofen zu sitzen

den Duft von Selbstgebackenem durchs Haus ziehen zu lassen

....... natürlich fällt dann die Schule aus ...

# Schwansener Ostwind
## 1978/79 Schneekatastrophe

Wir lieben den Ostwind. Er beschert uns im Sommer beständiges, sonniges und wohligwarmes Wetter.

Zum Jahreswechsel hat er alle Chancen die gelbe, wenn nicht rote Karte zu bekommen, um im Jargon meines Fußball liebenden Mannes zu dokumentieren.

So schlüpft die "Sonnenaufgangsbrise" in eine neue Rolle. Kleidet sich selbstbewusst als Wind und nimmt menschliche Charaktere an: "Ich will mehr! Lass mich meine Kraft ausleben!"

Ein starker Ostwind braust auf – ruft erst Regen, dann Schnee zur Unterstützung. "Hab noch nicht genug!" Nutzt seine letzten Ressourcen, präsentiert sich machtvoll als "STURM", fegt mit der Macht aller Naturgewalten über die Ostseeküste ins Land.

Saßen wir vor wenigen Minuten noch gemütlich vor Fütterungsbeginn der Tiere mit unseren Männern am warmen Ofen, kämpfen diese jetzt, den Ostseedeich mit Sandsäcken vor der Flut zu schützen. Meine Gedanken sind bei meinem Claus. Draußen ist es eisig kalt und stürmisch, es schneit unaufhörlich. Der Wind lässt etwas nach. Dafür werden die Flocken dichter.

Schwiegervater Kurt ist ebenfalls dabei. Im Stillen bewundere ich die Ausdauer, Kraft und den Mut der Männer.

Die Straßen sind vom Schnee zugeweht und nicht mehr passierbar. Somit sind die Männer dick eingemummelt per Pedes zur Ostsee unterwegs. Sie befinden sich im Krieg gegen die sturmaufgepeitschten Wellen, die das Land von unserem

Ostseestrand von Schleimünde bis Damp und der Schönhagener Steilküste stehlen.

Ein sinnloser Kampf. Die Natur ist zu mächtig. Schwiegermutter und ich trinken einen Kaffee und sprechen über die Situation. "Die werden es schon schaffen"!

Es dämmert. In der Ferne sehe ich schemenhaft Gestalten, die sich durch den Sturm kämpfen... auf unser Haus zukommen.

Schwiegervater und mein Mann, so wie ich ihn nie gesehen habe. Seine Wimpern und Augenbrauen waren Eiszapfen. Die Haut grauweiß gefroren, die Lippen rissig und spröde.

Aber das Strahlen seiner Augen, wohlbehalten zu Haus angekommen zu sein, zeigte, wie viel Leben und Energie in ihm brodelten.

- - - - - - -

Erschreckenderweise suchte uns eine viel schlimmere von Hochwasser und Sturm aus Nordost geprägte Sturmflut vom 20./21. Oktober 2023 heim, die uns zeigt, wie machtlos wir gegenüber den Naturgewalten sind.

# Hbf München

Auf dem gegenüberliegenden Gleis

trifft ein Zug ein.

Die Türen öffnen sich.

Schau mir von meinem Fensterplatz

die aussteigenden Fahrgäste an.

Nach kurzer Zeit – das Bild:

Schwer bepackt mit Rucksack, Koffer,

den Trolli hinter sich her ziehend,

strömen versteinert, gehetzt,

konzentriert wirkende,

genervte Gesichter dem Ausgang zu.

Nirgendwo ein freundlicher, fröhlicher Blick,

kein Lächeln, welches signalisiert:

Toll - ich bin gut angekommen...

Mein fahrbarer Untersatz setzt sich in Bewegung,

schneidet sich spielend durch den Schneesturm,

während LKW´s und Auto´s im Schritttempo

hinter den Räumfahrzeugen kleben -

genieße meine Situation

und freue mich auf zu Haus

Sitze im Trockenen - die Heizung funktioniert

Dennoch ist mir nicht ganz wohl

Gebe kaum Gas -

immer wieder fällt mein Blick auf die Armatur

neue Winterreifen  geben Mut zur Geschwindigkeit


Weit entfernt – Rücklicht

Entgegenkommend

NICHTS

Wo bin ich ...Rechts oder links der Straße?


Unendlich weiße kristalline Strukturen fallen -

nehmen mir die Sicht, die Orientierung


Wahrnehmungsstörung

keine Straßenbegrenzung - kein Mittelstreifen

alles schneeflockenbedeckt


Schaffe Kilometer um Kilometer

Nehme kaum wahr

was das Radio gerade präsentiert ...

hatte ich nicht ´ne CD eingelegt?

Nur nicht während der Fahrt was verändern

auf Tastaturen tippen und an Knöpfen drehen,

um das Gewünschte zu hören...

Lieber konzentriert weiter fahren ... hab es gleich geschafft

Bin wohlbehalten zu Hause angekommen

Nach dem langen Regen

den wir gar nicht mögen

liebe Sonne scheine -

sende deine Strahlen

hier durch alle Räume...

doch - oh nein -

nur kein Schein

auf die Möbel

die so edel

unterm Staub versteckt

und die Fenster

ob Gespenster

sie benebelt und verdreckt?

In der Luft - ja was für'n Leben

kleine Staubpartikel schweben ...

und man sieht manches Geschmiere

an den Schränken und der Türe

bis 'ne Wolke dich umringt

und den Spuk in Ordnung bringt ...

Der Frühlingsmond lacht mich an

Ich blättere den Tag um

Freiheit verzaubert mich

salzige Ostseeluft schmeckt süß

suche Traumsteine

lasse Sterne schnuppen

liebe das Prickeln unter meiner Haut

und springe in das Abenteuer  LEBEN

Er schläft

Stell dir vor – er schläft !

Nach mühevoller Arbeit, seine Lungen
(und mein Trommelfell)
kräftigen zu wollen,
nach stundenlangem Genuckel
abwechselnd an Brust und Schnuller ...
endlich, der wohlverdiente Schlaf.

Mein Rätsel – war es Hunger, Durst,
war es Bauchschmerz oder Langeweile?
Und immer wieder
suche ich den Fehler,
wie jede stillende Mutter
bei mir.

Was habe ich Falsches gegessen,
was getrunken?

War die Milch zu fett,

im Selter zu viel Kohlensäure?

Lag es am frischen Vollkornbrot oder

waren es die vor wenigen Stunden

geernteten Bohnen in Petersille

und Butter geschwenkt zum Mittag genossen,

war es das gewürzte Fleisch

oder war es die Unruhe beim Stillen

oder???


…. aber er schläft ja nun…

# Aprilfrisch

Von dem Urlaub grad zu Haus
pack ich unsre Koffer aus
Ski-Urlaub für 5 Personen
Wäscheberge, die sich lohnen

Gebe alles ... weiß – bunt – fein
je in die Maschine rein

Da läuft es auch schon verkehrt
weil der Nachbar Gülle fährt
und die Wäsche auf der Leine
stinkt nach Kuh oder nach Schweine

Ich glaub es nicht und fass es kaum
er fährt ganz nah bis an den Zaun
Geh zu meiner Wäsche hin
Sind schon schwarze Pünktchen drin?

Vom Persilduft keine Spur ...
Sie ist halt „Aprilfrisch" nur

Gib´ mir deine kleine Hand,

lege sie in meine -

komm´ ich spiel mit dir im Sand

und wir legen Steine

in den kleinen Wagen rein

der Trecker muss ihn ziehen,

ach´ wie kannst du dich nur freu´n,

wollen wir Ball spielen?


Schieß´ ihn weit fort durch die Luft,

bis hinten hin zum Rasen.

Schau´ dort sitzt dein Brüderlein

und bläst Seifenblasen.

# Der Störenfried

Zurück von einer Feier
bis in den frühen Morgen
macht eine kleine Fliege
mir furchtbar große Sorgen

Es ist kein Schädelbrummen
was mich nicht schlafen lässt
ein monotones Summen
macht mich total vergrätzt

Sie trainiert Tiefflüge -
landet auf meiner Hand
steckt sich neue Ziele
und sitzt jetzt an der Wand.

Von dort aus geht die Reise
auf meinen großen Zeh
ich schlage mit der Zeitung
jetzt hab ich sie ... ach nee

Sie krabbelt auf der Decke

bis zum Kopfkissen hin

meint sie, dass ich erschrecke?

Gleich findet sie mein Kinn


Fliegt auf meine Nase

und ich hau mitten drauf

sie bringt mich noch in Rage

jetzt steh ich lieber auf !

Katzenaugen

kauern im Rasen

löwenzähnig

zwischen Klee

und Gänseblümchen

wachsen

anderes zu verdrängen

verschicken im Wind

nie lebensmüde

kleine Fallschirme

das Erbe zu sichern

Maulwurfgeliebtes

Wurzelausrufungszeichen

genießbare Augenweide

Schicksal des Gärtners

Nun muss ich nach den Kindern sehen

sie laufen mit Getose

quer durch die Wohnung und bleiben nicht stehen

ohne Hemd und ohne Hose


Raus aus der Dusche und wieder rein

es ist ein toller Spaß

kaum lässt man sie mal kurz allein

ist alles klitsche nass


Vom Anziehen halten sie nicht viel

und rücken mir dauernd aus

sie suchen sich ein neues Ziel

am liebsten wollen sie raus


Immer weiter geht die Jagd

durch´s Haus dringt lautes Geheule ...


jetzt kommen die beiden doch zu mir

mit einer großen Beule

# Wirklich nur ein Traum? NAVI ...

Einige Jahre bevor mein Vater (1968) starb, sagte er einmal: „Irgendwann werden mehr Menschen im Luftraum unterwegs sein als auf den Straßen." Ich schaute meine Mutter fragend an, während mein Vater weiterredete:

„Dann essen die Menschen nicht mehr „normal" sondern haben Pillen mit Vitaminen und Mineralien auf ihrem Teller." Mein Vater war sehr krank und redete häufig über Dinge, die wir nicht verstanden haben. Dann setzte er noch einen drauf:

„Später werden die Menschen überwacht und tun genau das, was ihnen gesagt wird!" Ratlos haben wir diese Äußerungen seinerzeit belächelt... -

Genau daran erinnerte ich mich, als ich mit einer Freundin im Auto fuhr. Sie hat im Gegensatz zu mir ein Navigationsgerät:

„An der nächsten Kreuzung rechts – achten sie bitte auf die Geschwindigkeitsbegrenzung – nach 46 m links – an der nächsten Kreuzung scharf rechts - nach 78 m links abbiegen ......."

Vor ein paar Monaten hörte ich im Radio, dass ein Mann gefunden bzw. geortet werden konnte, weil er sein Handy bei sich trug.

Dann hatte ich einen Traum:
Mein Wecker klingelte um 6.00 Uhr – doch ich wollte noch gar nicht aufstehen! Wir hatten am Abend zuvor gefeiert und ich hätte noch gern eine Stunde Schlaf nachgeholt.

Immer wieder hörte ich die Stimme: „Aufstehen! Sie sind schon ... Minuten zu spät! Aufstehen!

Mein „Navi" hat sich eingeschaltet – ich war zu spät!
Nach dem Zähneputzen meldete es sich erneut, dass ich die vorgegebene Zeit zum Zähneputzen nicht eingehalten hätte und als ich mich schon angezogen hatte, schaltete sich mein Navi erneut ein, dass ich zwar gründlich geduscht, mich jedoch danach nicht ordentlich eingecremt hätte. ...
Könnte ich dies blöde Ding doch abschalten ...

Während des Frühstücks bemängelte dieses mich überwachende Gerät: „Nicht ausreichende Vitamine – 1 Tasse Kaffee zu viel – 1 Glas Wasser trinken"!

Während ich dann unseren Hund fütterte, holte der Wecker mich aus meinem Traum. Es war Wochenende und 7.15 Uhr.
Mein Mann war im Stall und ich konnte in Ruhe duschen und das Frühstück für unsere Familie zubereiten ...

Hoffentlich in Zukunft ohne Navi

Auf meinem Weg
begegne ich dir
betrachte dich
      – hast dich verändert -

struppig-glanzlose Haare
dunkle Ringe unterstreichen
deine matten Augen
fahle Haut -
müder als sonst
spröde Lippen
unfähig zu lächeln -
Doppelkinn?

Deine Figur geht aus dem Leim
In einem Monat fast 4 kg!
Das ist kein Winterspeck...

Mein Mann kommt ins Bad
nimmt mich in den Arm

und begegnet auch seinem

SPIEGELBILD

Zwischen Angeln und Schwansen in der Schlei
schwärmen Heringe zur Laichzeit an Kappeln vorbei
passieren vor der Brücke geflochtenes Relikt
werden geangelt oder kehren zur Ostsee zurück.
Hier taufte man den Fisch "Kappeling",
genießt ihn "in Lake" auch als Drink.
Gisela Windmann produziert immerzu
für die Heringstage dieses "Ding" mit ihrer Crew.


Schleiblaugrün silbrigglänzender Fisch
als Salz- oder Räucherhering auf dem Tisch -
entgräteter Bismarck, als Bückling, auch gestückelt -
Matjes/Rollmops um eine Gurke gewickelt.
Nach dem Braten in Essigsud gelegt
sich der einst rohe grüne als Brathering in Sauer versteht.
Selbst zubereitet oder in Kappelns Gastronomie
vergisst man so einen Leckerbissen nie.

Im Mai zu den Kappelner Heringstagen

wettet man, ratet, ja, muss man sich fragen-

wieviel Kilo oder Heringe im gezogenen Netze

gehören zur traditionellen Heringswette?


Gewinner wird König oder Königin

für den Kleinstadtzauber Kappelns ein Gewinn:

denn das Flair und die Stimmung sind riesengroß -

in Kappeln ist der Hering los!

Aus der Ostsee kommend

Kappelner Schleiwasser

durchschwärmt

zieht blaugrün silbrigglänzend

der Hering

durchs reisiggebundene Relikt

am Brückenschlag

zum Laichen

geangelt

oder Heringstagewettenbestimmt

zappelnd

im gezogenen Fischernetz

kulinarisch

alle erdenklichen Variationen

aus der Gastronomie

dieser liebenswerten Kleinstadt

# ALARM

Dicke Rauchschwaden wabern aus dem Schuppen. Am Montag (07.05.2012) hören wir die Sirene um 18.53 Uhr erst aus unserem, dann aus dem Nachbarort.

Wenig später trifft die Feuerwehr mit Blaulicht und Martinshorn ein. Über Funk wird schnellstmöglich besprochen, erkannt, kompetent geregelt:

Was ist passiert? Wo genau brennt es? Was ist in erster Linie zu bedenken? Wo sind Hydranten? Woher sonst in höchster Eile Wasser beschaffen? Ein Teich ist in der Nähe. Die dafür vorgesehene Pumpe wird aus dem Feuerwehrwagen bugsiert.

Es werden drei Personen vermisst – die gilt es zu finden und zu bergen. Atemschutzträger bereiten sich sofort konzentriert vor und checken, immer im Funkkontakt bleibend, die Lage und tasten sich durch die dicken Rauchschwaden voran.

Parallel zu diesem Geschehen werden flink die Schläuche zusammengefügt und verlegt. Vom 250 m entfernten Hydranten wird die Wasserversorgung durch Auslegung der Wasseradern mit Hilfe des Feuerwehrwagens gesichert.

Ein Aufatmen: Schnell sind die vermissten Personen gefunden, gerettet und versorgt.

Das Feuer ist gelöscht! Alles geschafft! Entspannt werden die Schläuche aufgerollt und alles wieder eingepackt.

Gut, dass es nur eine Übung war.

Macht es nicht doch Sinn, in der Feuerwehr zu sein und helfen zu können?

Erdbeeren mit Sahne  oder
Apfelstrudel mit Vanille-Eis

Aufregend das Treffen
verabredet
am heutigen Tag
sehe ich Dich wieder

Lampenfieber – Herzflimmern
stehe vor dem Spiegel
kein Zeug passt,
sitzt, hat Chic

zulange überlegt

Du klingelst bereits
und ich

habe noch gar nichts an  ...

# Ganz frische Suppe und ein spontaner Gast

Meine Eltern gaben ihr Geschäft in Kiel auf und zogen aufs Land.

Schnell schloss ich Freundschaft mit Frauke und Elke. Wir waren Nachbarn und es verging nicht ein Tag, an dem wir mit unseren Puppen spielten – Puppenzeug tauschten und für „unsere Kleinen" kochten.

So gab es zwischen unseren Grundstücken einen kleinen Knick, in dem wir uns in einer tollen Höhle „einrichteten". Das Wichtigste in einem Haushalt: die Küche!

Einen alten kleinen Blechtopf von Oma Schröder, ein paar Sachen aus der Küche meiner Eltern stibitzt... und schon konnte unser Plan realisiert werden.

Aus dem Garten wurden Bohnen, Wurzeln, Porree und Sellerie „geerntet", Erbsen (natürlich mit Schote) durften nicht fehlen und Sauerampfer musste ebenso dabei sein, wie die tolle Petersilie, die glatt und kraus zur Verfügung stand.

Von Oma gab es dann noch ein Stück Kohlrabi, was sie von ihrem Mittagessen über hatte und ... sie half uns beim Zerkleinern der Köstlichkeiten – dafür waren wir wohl noch nicht groß genug...

Alles zusammen stellten wir in Omas altem Blechtopf auf unser „Feuer", welches das Gemüse mit seiner Brühe zum Kochen bringen sollte.

Unser Feuer bestand aus ein paar u.a. auch „frisch gepflückten" Zweigen und aus Heu von der „vor kurzem gemähten"

Wiese, ein paar mehr (gebrauchten?) Tempo-taschentüchern und einem gefundenen Zigarrenstummel von Opa Brunkhorst...

und natürlich den guten alten Zündhölzern.

Wie auch immer – es funktionierte nach etlichen Versuchen. Wir standen im dicken Qualm und unsere Suppe wurde „leicht warm".

Heute sagt man zum kurz gegarten Gemüse „al dente" ...

Unseres war sicher „super al dente". Aber – wenn man so lange darauf kauen muss, hat man ja auch mehr davon ;-)

Und wir hatten sogar einen Gast

Jürgen Siek kam mit dem Pferd vorbei und bezahlte unsere köstliche Suppe mit einer toten Maus aus seiner Hosentasche ..............

# Mo-Mi-Frei   Wassergymnastik

### ... eigentlich nur für Eingeweihte

Da heißt es früh ins Bette geh´n
um morgens auch früh aufzusteh´n.
Egal zu welcher Jahreszeit
zur Wassergymnastik sind wir bereit.

Ja, wir sind ´ne tolle Gruppe
selten 15 – oft über 20, was auch schnuppe.
Entscheidend ist doch was wir machen
neben "klönen, tohörn und gaaanz veel lachen".

Das alles macht ´ne Menge Spaß
und man wird süchtig nach dem Nass.
Da stehen wir dann zuhauf, im Kreise,
folgen den Ansagen auf unsere Weise.

Der eine macht weniger, der andere mehr
für den einen ist es leicht, für den anderen schwer.
Weit entfernt sind wir vom Wasserballett
obwohl unsere Übungen schon sehr adrett.

Vom langsamen Laufen, die Arme mitnehmen
Kniehebelauf, Hacken an den Po, sich dehnen.
Die Arme von vorn nach hinten und zur Seite...
das Tempo steigern liebe Leute.

Nach hinten zeigt die Fläche der Hand
spürt ihr den Wasserwiderstand?
Langlaufschritt und wedeln wie auf der Piste,
die Arme zur Seite und drehen aus der Hüfte.

Hochspringen und den Bauchnabel präsentieren
so kann das Wasser euch komplett massieren
Die Hände zu den Füßen mit Geschick
beim "Schuhplattler" fehlt nur die Musik

Vor, seit und zurück mit Bein und Fuß
anschließend große Kreise durchs Wasser flugs
Boxkämpfe mit Beinarbeit finden dann statt
irgendwann sind wir völlig platt

Von der Wasseroberfläche bis zu den Knien
die Arme große Kreise zieh´n
Diagonale Übungen und Butterfly
"Synapsentraining" ist auch dabei

Das war genug mit Wasser sprudeln
weiter geht es mit den Poolnudeln
mit Brettern oder Sticks
da sind wir alle auch ganz fix

"Frosch", "Känguruh", "Fallschirm" machen uns fit
auf der Nudel Richtung "Haitabu" ein Ritt
Auf den Rücken legen und dann
schließt sich unsere "Bauchrolle" an

Die Beine grätschen – auf und zu
Wasserballett folgt im Nu
Radfahren – nach rechts und links sich drehen
unsere Muskulatur genießt dieses Geschehen

Zwischendurch geht ein Blick rüber zur Uhr
wie lange bloß – wie lange nur
müssen wir uns noch ein wenig quälen
doch ohne Wassergymnastik würde uns was fehlen

Kreislauftraining – hopp hopp – ganz schnelle
bewegen sich alle von der Stelle
zum Schluss dann Augen und Mund fest zu
genießen bei der Wassermeditation die Ruh´

Einmal im Monat an den letzten Freitagen
dürfen wir uns nach dem Schwimmen laben
individuell werden von uns allen Köstlichkeiten serviert
"Was geht uns das gut" – wenn so was passiert

# Fango und Massage

Endlich – wieder mal so weit
für Fango und Massage wird es Zeit.


Sieh – da kommt er mit der Platte
leg mich laaangsam auf die Matte
Stöhnen tönt aus meinem Munde -
warte noch ne viertel Stunde
Werd in Decken eingehüllt
und mein Wissensdurst gestillt.


Linker Hand in der Kabine
wird erzählt von Tante Tine,
brauche gar nicht lang zu warten
weiß dann alles über'n Garten,
was man sät und was dann blüht
und mein Rücken glüht und glüht.


Nebenan – welch ein Gejammer
tönt dort aus der Folterkammer
der Patient kam leicht verspätet
weshalb intensiv geknetet ...
vom Kreuz rauf bis Hals und Nacken
meint man, dass die Knochen knacken.

Ein Stück weiter – gegenüber,
ist die Badezeit vorüber
Der Betreuer erzählt dann :
„Man, was hat die alles an"!


Denn der Nächste steht und wartet,
darauf, dass auch er gebadet
Background-Musik und ich lausche
Schritte nähern sich – ich tausche
Fango mit geschulten Händen
Möcht´ mich mehr als ein Mal wenden...


Lotion wirkt – ein kalter Guss
weist auf den Behandlungsschluss.

# WEBERKNECHT

Heute klag ich - denk zu Recht

über einen Weberknecht!

Aufsteigen, sich fallen lassen,

bahnt er sich durch tausend Gassen

vor und hinter den Gardinen,

auf Tapeten zarte Linien

Spinnt er, was man kaum entdeckt -

Weberknecht - du Hausfrauenschreck!

Dann sauge ich grad mal auf

unser täglich Dreck und Staub

und was find ich da natürlich

Weberknecht so ganz possierlich

hinterm Schrank und zwischen Borden -

möchte mich nicht weiter sorgen -

und schwupp di wupp ist auch er weg

mit dem ganzen and´ren Dreck

Doch wie lange das wohl dauert

es mir über´n Rücken schauert

denn von einem Palmenblatt

seilt sich so grad was ab

Schaue und schärf meine Sinne -

ach - ne ganz normale Spinne

die ist ja  so winzig klein -

darf gern noch im Hause sein.

# „TSCHÜß"

... bis später mal wieder... an meinen PC

Inzwischen kann und mag ich nicht mehr ohne dich „klarkommen". Freue mich über die vielen Mails, die ich bekomme und beantworten kann, über fast unzählige Fotos und Texte, die relativ in Reihenfolge abgespeichert sind, über die Möglichkeit in Kürze alle Nachrichten abrufen und die Gelegenheit, Bestellungen zu tätigen oder über Skype Freunde und Familie im Ausland sehen und kontakten zu können.

Bin absolut verzweifelt, wenn es bei dir mal „hakt"

Du bist keine normale Konstruktion, das Hirn jedes Einzelnen forderst du, dich zu entdecken, nach Jahren zu erfassen.

Unzählige Synapsen geben ihren Geist auf –

Erfahrungen schmecken über viele Tage bitter

... wenn ein besonderer Wurm drin ist...

Dann kommt Facebook mit unendlich vielen Posts meiner Freunde ebenso dazu, wie mega viele Angebote der unterschiedlichsten Webinare ... von Gesundheit, Ernährung ... also Säure-Basen-Haushalt – von Entgiftung unserer Leber, von gesunden Wildpflanzen mit etlichen interessanten Rezepten bis zur Tierkommunikation und Frequenzreisen im Quantenfeld...

Mir wird bewusst, dass ich viel zu viel Zeit vor deinem Bildschirm verbringe...

zumal ich ja nicht weiß, wie viel Zeit meines Lebens mir noch bleibt...

Somit lasse ich dich jetzt erstmal (bis auf mein Schreibprogramm) los

und sage : „Tschüß ... bis später mal wieder"

Hey – jetzt werde ich langsam groß
möchte runter von Mamas Schoß
laufen lernen Schritt für Schritt
Papa, sieh mal: "Gehst du mit?"
Halt mich an meinen Händchen fein –
da kann ich doch ganz sicher sein ?

Die Wohnung, die kenne ich schon gut,
robbte, krabbelte und mit ganz viel Mut
habe ich die steile Treppe erklommen.
Da habt ihr wohl einen Schreck bekommen
Das erste Jahr wollte ich mit schlafen nutzen,
mit essen, schreien und Windeln beschmutzen.
Toll das Autofahren nach "N"feld und zum Teich
oder viel weiter – wo war das noch gleich?

Keine hat es wie ich so gut im ersten Lebensjahr
von Anfang an waren Mama und Papa für mich da
Und so gewöhnt euch schon mal dran
für das nächste Lebensjahr liegt sehr viel an:
klettern, sprechen lernen und viel ausprobieren
im Sand und Wasser spielen, mit vielen Farben schmieren

Hab euch oft zum Nachdenken und Lachen gebracht

vielleicht habt ihr euch auch mal Sorgen gemacht

aber ich freu mich ganz doll auf das nächste Jahr

weil ich weiß: "Ihr seid immer für mich da"

# Mien erste Text op Platt

(und jeder schreibt es wohl anders)


Uns lütte Jiffer – een Jack Russell – har bannig Schiss för groote swatte Hunn.

Dor kannst nix moken – mit Druck un Gewalt schon gor nich.
Dat erinnert mi an een Begebenheit ut mien Kinnertied:

Een Onkel vun mi har een groote swatte Ungetüm.
Een groote Mercedes.

Worüm ok ümmer, ick har grulich Schiss in dat Fohrtüch to stiegen.

Mien Öllern plonten för Sündag nomiddag een Fohrt int Blaue mit Picknick, denn in de nächste Wuch wär mien Schoolanfang, un dor kunn mien Öllern nix mit mi moken.

Se harn een groote Geschäft un ünner de Wuch keen Tied för mi.

So wär ick all de ganze Dag kribbelig un freu mi op unse Picknick Utfluch.

Nu wär dat so wiet.

Mien Mudder wickelte Frikadellen un Schnitzel in, füll de Kantüffelsolot in een groote Schöttel, packte Himbeersaft, Sprudel, un för mien Vadder een (twee) Buddeln Beer in de Korv.

Mien Vadder hol een Deek, dat Fedderballspeel und schon huper dat buten för de Dör.

Mien Stimmung full ünner „normal null"!

Dach ick doch, wie wulln mit unse Auto fohrn, doch buten stünn de groote swatte Mercedes vun mien Onkel.

Wat nu bloß?

Mann, wat heff ick huult.
Keen Iis, keen Bonscher, nix kunn mi umstimmen.

Mien Öllern otmeten deep dörch, nehm mi inne Arm und alle klarten in unse schöne witte Opel.

Dann güng de Fohrt los und dat wär een schöne Picknick-Nomiddag, an de ick dat swatte Vehikel vun mien Onkel fix vergeten kunn.

Noch hüt gifft dat een lütte Zögern, wenn ick in so een swatte Mercedes instiegen schull...

So wär bi mien lütte Jack Russel eben so veel Geduld anseggt

und ick heff ehr mit veel Leev an groote swatte Hunn jedet Mol mit weniger Afstand vörbi loten -

Hüt tru de Lütte sick ganz nah ran un snüffelt sogor een bee-ten.......

# Guten Morgen

Meine Augen schlafen noch –
sind ganz fest zu
hab Mühe sie zu öffnen

es ist noch so schön warm im Bett
und ich mag gar nicht das wohlige Warm verlassen.

Recke und strecke mich.
denke über meinen wohl gerade noch erlebten Traum nach -

was war das nochmal?

Doch die Frühlingssonne pliert an den Gardinen vorbei
ins Schlafzimmer:

„He – aufstehen ... ich bin daha" und
„Du könntest ja was verpassen"...

Blicke kurz nach links
mein Liebster schläft noch.

Sein auf dem Nachttisch stehender Wecker
erinnert mich irgendwie an Mathe ...: 5.08 Uhr

Stimmt – der Tag beginnt
gestern sangen die Vögel auch schon zu dieser Zeit.

Doch heute ist noch alles still.

Da stimmt was nicht!!

Ich rappel mich aus den „Federn" raus,
ziehe leise die Jalousie auf.

(damit mein Claus nicht gestört wird und noch 10 Minuten weiter schlafen kann)

Und was sehe ich...
Grau in Grau – Wolken

dann im Wolkenteppich kleine Löcher,
die die Morgensonnenstrahlen schicken, uns zu wecken.

Einer davon hat es ja gerade bei mir geschafft...

doch zur gleichen Zeit fallen dicke Schneeflocken
auf die fast blühenden Rapsblüten dieses 3. Maitages

wird es nun endlich Frühling und geht es bergauf???

Ein Blick aus dem Fenster
schon war es gescheh´n
Stephan hatte
Vater´s Trecker geseh´n
„Brumm brumm Tedder – mit, mit,"
zog er uns vom Stuhl
Schritt für Schritt.

Zwischendurch kam dann Jens
mit Gebrüll und Tara:
ist denn für mich
gar niemand mehr da?
Hunger hab´ich
und die Hosen sind voll...
Papa lacht
na – das ist ja toll.

So schrien beide Kinder,
was für ein Graus
doch ich hatte Glück,
Stephan durfte mit raus,
zum Schweine füttern und streu´n
er fühlte sich wohl im Stall und der Scheun.

Beim Essen lernten wir zu versteh´n
ein Leben mit Kindern ist doch richtig schön -
noch liegt unter der Bank ein Rest Mittagessen
da fliegt auch schon währenddessen
ein Stückchen Mettwurst an die Wand
„Pass auf, Jens hat ein Messer in der Hand"
„Papa meer Meech" schreit Stephan dann...

Nein – erst zieht Mama Euch eine neue Windel an

Ein Problem in diesem Haus

ich fand das Loch von einer Maus

in einem Kleidungsstück im Schrank

der Fleck war Rotwein den sie trank

nun liegt sie tot in meinem Schrank

# EDITH

An einem Winterabend (2004) saßen mein Claus und ich gemütlich zusammen und erinnerten uns an viele gemeinsame, erlebenswerte Momente, denn unsere Silberhochzeit stand bevor. Wer war im Gegensatz zu der angeheirateten Familie von „meiner" Verwandtschaft noch hier?

Mein Vater starb nach jahrelanger, schwerer Krankheit, kurz nach meinem 14. Geburtstag. Meine Mutter entschloss sich wieder zu heiraten. Der „neue" Stiefbruder beendete sein Leben, die Stiefschwester sonderte sich von uns ab. Meine Mutter gab nach 18 Jahren den Kampf gegen ihre Krebserkrankung auf. Der Stiefvater trat seinen letzten Weg an. Somit blieben einige gute Freunde, sehr viele Bekannte, jedoch ganz wenige „Verwandte".

Wie gerne hätten wir mit meinen Eltern dieses Fest der SILBERNEN gefeiert.

Monatelang hingen meine Gedanken bei Edith, Mutti´s bester Freundin, die mich fast von Geburt an kannte und oft erzählte, was sie mit mir erlebt hatte. So soll meine Oma väterlicherseits 3 Tage nicht mit meiner Mutter gesprochen haben, weil ich NUR ein Mädchen war. Die Hebamme sagte: "Sie sieht aus wie eine Wetterhexe", weshalb ich wohl jedes mal, wenn eine Frau in den Kinderwagen schaute, fürchterlich geschrien habe ... sah jedoch ein Mann in den Wagen, lachte ich ihn an. In der Sportkarre gefahren, forderte ich ständig: „Kekse, Kekse, Kekse" und wurde erst ruhig, wenn Leibnitz-Butterkekse gereicht wurden.

Edith war die einzige Frau in meinem Umfeld, die mich während einer kurzen Fortbildungszeit in der Abteilung ihrer Firma mehr geprägt hatte, als meine inzwischen verstorbene Mutter. An Edith dachte ich täglich wenn ich Zahlen schrieb. Während ich früher furchtbar „klierte", schreibe ich heute die Zahlen und Buchstaben so schön wie Edith!

Viele Jahre gab es keinen Kontakt zwischen uns. Der Tag kam, sie endlich anzurufen, Ich hatte ihre Telefonnummer herausgesucht und wählte ganz aufgeregt. Die Verbindung kam zustande und ihr Mann meldete sich: Oh ja, Doris - ich kann mich erinnern. Meine Frau lebt nicht mehr hier ...Sie ist unter Nr... zu erreichen.

Meine Synapsen versuchten einen klaren Gedanken herzustellen. Viele Erinnerungen spielten sich in Bruchteilen von Sekunden ab. Edith war ja nicht mehr die Jüngste... ist sie krank, geschwächt, lebt sie jetzt in einem Seniorenhaus? Dennoch – Edith sollte dabei sein – ganz egal wie ... eine Faser meines Herzens liebte sie wie eine Mutter. Wieder ergriff ich – Herzklopfen begleitet – das Telefon – wählte die mir anvertraute Nummer.

Ihre Stimme: „Oh, hallo Doris - ich dachte gerade, es wäre jemand aus meiner STEPPTANZGRUPPE!!!"

Fasst hätte ich den Hörer fallen lassen! Keine meiner Vermutungen, dass es ihr schlecht gehen könnte, stimmten. Sie lebte halt nur glücklich von ihrem Mann getrennt. Mein Herz machte riesige Luftsprünge. Es geht ihr gut. Sie ist fitter als ich. Sie macht in ihrem „weit über 70 Alter" noch erfolgreich Stepptanz und arbeitet in einer Seniorenredaktion. ...

„Ich freue mich wahnsinnig auf Dich" sagten wir beide.

In mir fühlte es sich an, als würde mein Herz, meine Seele – alles in mir sämtliche Informationen von Edith aufsaugen . Schnell wurde ein Besuchstermin bei ihr verabredet, an dem wir in ihrem schönen Häuschen bis weit nach Mitternacht bei nicht nur einem Gläschen Rotwein die Vergangenheit Revue passieren ließen.

So ging mein Wunsch, dass Edith zur Silberhochzeit kommen würde in Erfüllung.

Wir freuen uns auf das bevorstehende neue Jahrzehnt und hoffen, außer unserem gemeinsamen Sternzeichen Zwilling noch viele andere Gemeinsamkeiten genießen zu dürfen.

# Der schwarze Schmortopf und sein Deckel

Meine Mutter bekam diesen schwarzen Schmortopf 1953 zu meiner Geburt geschenkt und mochte ihn kaum einen Tag missen, denn es ließen sich nahezu alle Gerichte darin zubereiten.

Ob es eine ganz einfache Tomaten- oder Spargelcremesuppe war, ob es Eintöpfe mit Kohl, Bohnen, Erbsen und Wurzeln oder unser geliebtes Schnüsch war, ob Rind- oder Schweinefleisch darin angeschmort wurde oder einfach mit Reis und Hackfleisch gefüllte Paprikaschoten in Tomatensoße, Rübenmus, Erbsensuppe oder nur eine große Menge Pellkartoffeln für Kartoffelsalat darin gegart wurden ...

Dieser Topf war (fast) unersetzlich!

Als ich 1979 meinen Claus heiratete, ging dieser Topf nach 26 Jahren fast makellos in meinen Besitz über. So nutzte ich ebenso wie meine Mutter viele Gelegenheiten, Rezepte und Ideen mit ihm zu kreieren, um meine Familie mit Köstlichkeiten verwöhnen zu können.

Wie das so (auch im Leben eines Topfes) ist ... es stellen sich Gebrauchsspuren ein ... hier und da ein paar Kratzer... ein, zwei Beulen von außen und ... auch von innen, die wir ja eher nicht sehen oder wahrnehmen können.

**Mitunter** vergleiche ich mich nach inzwischen 45 Jahren Zusammenleben mit diesem Topf, der ja mit seinen 71 Jahren genau so alt ist wie ich

Nicht böse gemeint – jedoch wurde auch ich sehr oft gebraucht/benutzt und so habe ich entsprechend funktioniert – worüber nicht nur ich im Nachhinein eher glücklich sein sollte, denn sonst wäre mein Leben ja fast trostlos und langweilig verlaufen.

Und auf Urlaub, Kino-, Theaterbesuch, auf Tagesausflüge, Essen zu gehen, Wald- und Strandspaziergänge kann man ja auch verzichten ...

Dann steht man einfach (wie mein Schmortopf) im Schrank und wartet sehnsüchtig darauf, mal wieder gebraucht zu werden

Wie beim Topf meiner Mutter entdecke auch ich bei mir Gebrauchsspuren ... innen mehr als außen. Teilweise schmerzen sie sehr – teils blicke ich lächelnd drüber hinweg.

Nur – je älter dieser Topf wird, um so sorgfältiger gehe ich mit ihm um, pflege ihn besser und schätze sehr, dass ich ihn noch bei mir habe ... auch, wenn er durch seine Gebrauchsspuren einfach nur noch fürs Kochen von Pellkartoffeln genutzt werden kann ... er ist für mich unverzichtbar geworden.

Doch zu jedem Topf passt ja ein Deckel, der sehr zum Gelingen der zu kochenden Speisen beiträgt/beitragen kann. Somit war für mich immer dieser Deckel genauso wichtig, wie der Topf, denn das eine geht nicht ohne das andere ...

Nachdem ich mir den Topf näher angesehen hatte, fielen mir auch beim Deckel sowohl an der Innen- als auch an der Außenseite Gebrauchsspuren auf.

Und so machte ich mir Sorgen, denn ein Topf ohne Deckel taugt aus meiner Sicht nichts. Immer war der Deckel auf dem Topf oder wenigstens ganz dicht bei ihm, um für ihn da sein zu können. So bedarf er der gleichen Sorgfalt, Pflege und Liebe, denn...

**und das ist mein größter Wunsch, dass der Deckel noch lange auf diesem/meinem Topf liegt und ich noch ganz lange mit diesem unverzichtbarem Deckel verbunden sein darf !!!**

am 29.06.29 feiert der Topf mit seinem Deckel (hoffentlich) die Goldene Hochzeit...

# Mama, darf ich jetzt?

Opa ist jetzt eine Woche und einen Tag nicht mehr für uns greifbar. Die Situation noch nicht realisiert, werden (von mir) verständlicherweise überwiegend Verbote ausgesprochen. Früher war es noch viel schlimmer: „Geh leise durchs Haus", „Sprich nicht so laut", „Mach die Tür leise zu".

Als meine Mutter 1988 starb, durften unsere Kinder bis einen Tag nach der Beerdigung keine Musik hören. Was haben wir unseren Kindern nur damit angetan? Es war halt so Sitte und Tradition.

Heute weiß man, dass unter anderem Musik die Trauer erleichtern kann. Kam unser Jüngster aus der Schule und wollte Probleme oder nicht gelöste Situationen verarbeiten, setzte er sich ans Schlagzeug seines großen Bruders und nach einer halben Stunde ging es ihm (und uns) besser.

Als unser Opa von uns ging, wollte unser Filius sofort seinen ganzen Schmerz aus sich herausspielen. Er durfte nicht...Die Leute.. was sollten die Leute, die Nachbarn nur sagen, wenn bei uns zu Haus jemand lautstark trommelt, wo doch Trauer und Ruhe angesagt war...

Sohnemann hat es in seinen so jungen Jahren sicher schweren Herzens hingenommen und hat ebenfalls - so denke ich - leidend die Zeit entbehren müssen, kein Schlagzeug spielen zu können.

Doch heute - heute war der Tag, an dem Ingmar berechtigterweise die Frage stellte;

„Darf ich jetzt"?


Es tat mir unendlich gut JA sagen zu können und ich habe es mit jeder Faser meines Herzens genossen, ihn endlich wieder trommeln hören zu dürfen...!

# Der Patient

Meine Tage als Arbeitnehmerin sind gezählt. Ich kann kaum erwarten der Klinik den Rücken zu kehren. Noch eine Woche, dann beginnt mein Mutterschutz – ich geh!

Mit einem lachenden und einem weinenden Auge lasse ich meinen Job im Sekretariat hinter mir und werde vieles vermissen.

Besonders heute erfasst mich eine Unruhe. Das erste Mal in drei Jahren kann ich eher gehen – ohne Überstunden – ohne Stress. Es stehen nur noch ein Patient und die Vorstellung eines Assistenzarztes auf meinem Terminkalender.

Wer auch immer zuerst eintreffen mag – bald habe ich Feierabend und nichts anderes im Kopf, als meinen Mann damit zu überraschen.

Ich ordne die letzten Befunde ein und gehe auf eine Tasse Kaffee ins Schwesternzimmer. Noch keinen Schluck genossen – da meldet Schwester Anne einen Patienten.

„Bin ich richtig hier?" fragt er, seinen Kopf durch den Türspalt schiebend. "Wo wollen Sie denn hin?" fragt die Schwester.

Er blickt zum Fenster über die Ostsee: "Ich weiß nicht genau" antwortete er. „Dann sind Sie wohl richtig hier", erwiderte der Pfleger.

Ein großer, hagerer Mann mit kahl geschorenem Kopf tritt ein. „Aha" - ziehe ich gleich den Schluss – „das ist der Patient".

„Einen kleinen Moment bitte" ... Ich lege die Karteikarte auf den Schreibtisch meines Chefs und bitte den Patienten herein.

Was ist denn da los?

Schallendes Gelächter dringt durch die Tür des Behandlungs-
raumes ins Sekretariat.

Es scheint sich eher um eine Unterhaltung, nicht jedoch um
eine Untersuchung zu handeln ... hätte ich doch nur einen Blick
auf die Karteikarte geworfen und mir die Diagnose eingeprägt.

Nach einer guten viertel Stunde öffnet sich die Tür und mein
Chef stellt mir den neuen, soeben eingestellten Assistenzarzt
vor. War mir das peinlich!

Der neue Neurologe und Psychiater war also nicht der erwar-
tete Patient. Er zieht sich seinen gut gestärkten, schneewei-
ßen Kittel über, strahlt mich an und lispelt:


„Oh Frau Thomsen, sooo schöööön, wie sich die Baumwolle an-
fühlt ... sooo rein ..."

Der Patient war an diesem Nachmittag nicht mehr erschienen
.... WARUM AUCH ?!?

# Abreise

Wieder einmal steht eine Abreise bevor...
Steve wird sein 3. Semester International Management auf
Spanisch auf Bali absolut nur Englisch sprechend absolvieren.
Wo auch immer da der Sinn liegt - jedenfalls wird er sein Eng-
lisch entsprechend auffrischen und Spanisch dann wohl später
perfektionieren.

Der Flug ist für Mittwoch, den 5.9.2007 um 23.55 Uhr
gebucht. Vorab genießt er ein paar Tage bei einer Bekannten in
Karlsruhe, die ihn dann zum Flugplatz nach Frankfurt bringen
und aus Old Germany verabschieden wird.

Doch steht jetzt dieser Samstag bevor. Der Flug nach
Karlsruhe um 10.25 Uhr - Eincheckstopp um 9.55 Uhr.
Die Sachen sind gepackt und wie immer kommen wir auf den
allerletzten Drücker los.

Schlecht habe ich geschlafen. Alkoholisiertes Mutterblut floss
am Abend und während der frühen Nacht durch meine Adern.
Immer wieder hörte ich Steve im Haus herumgeistern...
Treppe rauf - Treppe runter... Sachen einpacken – Sachen
auspacken. Er hatte wohl noch nicht das Richtige ausgesucht.
Irgendwann schlief ich dann doch ein, bis knapp 1 $\frac{1}{2}$ Stunden
nach Mitternacht ein auf den Hofplatz fahrendes Auto mich
weckte.

Wo mag er jetzt noch gewesen sein? Abschied von der Ostsee
– von den frisch gepflügten Feldern – der leichten Brise auf
seiner Haut? Irgendwo noch etwas naives Schamrotfeuchtes,
was ihn begehrte? Oder hat er nur noch seinen Wagen
voll getankt?

Es geht mich nichts an – aber ich kann nicht schlafen – typisch
Mutter. Alles undenkbar Mögliche geistert durch meine
Synapsen und bietet meiner Phantasie Kreativität ohne Glei-
chen.
Und schon wieder gibt das Holz der Treppenstufen seinen
Schritten nach.
Für ein Leben „Inkognito" wäre eine Steintreppe vorteilhafter
– aber ich liebte diese alte Holztreppe aus der Zeit, in der
unsere Kinder klein waren und sie sich damit nicht so schnell
verletzen konnten, wenn sie mal übermütig auf einer Matratze
oder einem Kissen die 18 Stufen hinunterrutschten.

Die Zeit ist da – jetzt geht es los. Ein äußerst knappes und lei-
ses Tschüß zur Familie – im Stress tut alles weniger weh.
Unser Sohn gibt schon Gas, als ich mich auf dem Beifahrersitz
gerade anschnallte und überlegte, was er vergessen haben
könnte.
Die Stimmung war gut. Natürlich lagen wir bestens in der Zeit
„Easy going" das Zauberwort meiner Kinder.

Es klappte, bis wir die Autobahnab- bzw. auffahrt Büdelsdorf
erreichten und uns eine Totalsperrung in beide Richtungen den
Atem nahm.


Was jetzt? Die Zeit wurde knapp, äußerst knapp. Seinerzeit
gab es bei uns kein Navi. Nach Kiel zurück oder ein Landstra-
ßenweg nach Owschlag, um nach Hamburg zu  gelangen, war
zeitlich nicht auszudenken. Geradeaus nach Rendsburg durch
den Tunnel und irgendwo eine Straße finden, die vielleicht in
Richtung A 7 geht, kostet viel zu viel Zeit, zumal wir keine
Karte dabei hatten und auf gut Glück fahren mussten.

Natürlich kommt da Mutter ins Spiel – und das tut sooo gut -
„Steve, es bietet sich keine Chance mehr, deinen Flieger zu
erreichen. Es sei denn ..."
Stephan zeigte sich scheinbar ratlos. „Es sei denn, wir fahren
einfach durch die Absperrung auf die A7"
Gesagt – gewagt – getan -
hatten wir doch genug Zeit mit irgendwelchen Ausweichplänen
vergeudet.

Es war unsere einzige Chance, die wir gegen den Willen der
Verkehrsaufsichtsbehörde im Kreis Rendsburg-Eckernförde
oder wer auch immer dafür zuständig war, erfolgreich nutzten.

Er orderte all seine Kraft in den rechten Fuß aufs Pedal,
zeigte seine Fahr- und Reaktionskünste und erreichte
unkompliziert ohne Behinderungen unserer- und andererseits
locker den Flughafen HH – Fuhlsbüttel – Terminal 2

Aussteigen – kurz drücken – Adieu – ausladen – noch mal
drücken und Tschüß -

Bindfädenregen durchnässte mich auf dem Weg von der
Beifahrer- zur Fahrerseite.
Das hätte ich ja auch mit dem kurzen „mal-rüber-rücken"
unter dem Autodachschirm haben können.

Kein Blick mehr nach hinten zu Steve. Vor mir fuhr ein Pkw aus
der Parklücke und ich nutzte die Gelegenheit zur Ausfahrt.
Nur weg von hier – nur raus aus dem Chaos von Taxis –
ankommenden und abfahrenden Fahrzeugen.

Hamburg im Regen – Mutter im Regen – Auch meine Drainage
funktionierte und die salzig schmeckenden Tränen auf meiner
Haut konnte ich aus tiefstem Herzen zulassen.

Langersehntes Wiedersehen

trennt uns

in dieser Nacht


um Morgen doch

ein Stück des Weges

gemeinsam zu gehen


Denn ein wichtiger Teil

in unserem Leben

ist die Freundschaft


    hier    ist meine Hand

    bitte    ergreife sie

    halte    sie fest


und lasse sie NIE wieder los

Kalte Zeit tritt sich die Füße ab

niemand mag ihr die Tür öffnen

noch sind warme Farben zu Gast

und die Lust an reifen Früchten


Beklommenheit spannt den Schirm

wenn Abschiedstränen regnen

Lügenblätter fallen

Einsamkeit parkt ein

Leibeigengestrickt


Vermag auch nicht

piano loszulassen

Die Wahrheit

die willst du vergessen

weil sie dich traurig stimmt


Hingegen Zeit

ist knapp bemessen

bis Erde dich aufnimmt


Das Leben

eilt zur Stunde

vorüber an dir und stirbt -


doch eins ist die frohe Kunde:

dass es neu geboren wird

Stehe vor der Brücke
Sonnenstrahlen flirren durch das Schilf
Segler kreuzen meinen Weg
Habe plötzlich Zeit!


Im tiefen Himmelblau
Wahrzeichen einer Stadt
Angler säumen den Kai
Beisst der Hering heute?


Fischgeruch
Möwen fliegen
landen mit ihrer Beute auf den Heringszäunen
Touristen strömen zu den Bussen.


Ausflugsdampfer legen an und ab
Räder überholen mich bis zur Brückenmitte
Nur noch ein paar Boote, die „Nordlicht",
die "Schleiprinzess" und die "Stadt Kappeln"


Dann geht es weiter
bis sich die Brücke wieder öffnet
um den mit Weizen beladenen Frachter
in Richtung Ostsee zu entlassen

Stahlgeformt
wurmt er
Menschenfressend
und -ausspuckend
den Schienen nach


Er trennt Felder
gräbt sich durch Tunnel
überquert Brücken
flitzt durch Wälder
erschrickt kein scheues Wild
sie kennen ihn schon


Er schleicht durch
Lärmschutzstrecken
der Graffitistädte
bahnt sich durch Gleise
und gestellte Weichen
um auf staubigen Bahnhöfen
plangemäß zu rasten


Umsteigen
den nächsten Zug erhaschen
der mich dem Ziel
näher bringt

# Mittagstunde - Teil 1

Ganz schön frisch heute – spürst du das?
Nordwest – mehr als nur ne frische Brise
die Sonne lässt uns ganz im Stich
versteckt sich hinter dicken Wolken
verschiedene Grautöne geben mir zu denken -
so viele Farbvariationen einer Farbe
grau in grau - nein - grau in zig mal grau
die Blätter ziehen ihr buntes Kleid an
färben sich Tag für Tag neu
beeindrucken mit den schönsten Tönen
alle Nuancen nehme ich wahr
irgendwo höre ich leise ein Summen
es kommt näher – immer näher -
eine Wespe schwirrt über meinen Kopf
dem Tod zu entrinnen - nach einer Bleibe suchend
den bevorstehenden Winter in einer geschützten Ritze
im südlich gelegenen, vielleicht auch im Winter
sonnenbestrahltem Mauerwerk zu finden.
Ja – nach diesem „herbstlichen Sommer" geht es
fast nahtlos in die letzte Jahreszeit
dennoch demonstriere ich dagegen und liege
dick eingemummelt mit meiner Hündin draußen
auf der Terrasse ... bis es gleich wieder regnet ...

# Mittagstunde - Teil 2

Aufgehört hat der Regen
und so folgt jetzt Sonnenschein
muss mich in den Garten legen -
ja zu schön ... das muss jetzt sein


Erst hört´ ich leises Summen
nahm plötzlich lautes Brummen
von einer Wespe wahr
und schon kam sie mir zu nah


Da war es dann geschehen
auf meinen Hals abgesehen
wollte nur mal kurz mich stechen
meine Halshautschichten messen


Egal ob Hals jetzt oder Zeh
es tat mir wirklich heftig weh
sprang auf, zum Eisfach und wühlte
fand ein Pad, was den Stich kühlte


Fühlte ganz ruhig und konzentriert
was jetzt in und mit mir passiert
Gedanken kamen und oh Schreck
wo habe ich mein Spritzbesteck

Reingepfeffert in den Schrank
hab´s gefunden – Gott sein Dank
wart´ und spür´ ich in mich hinein
trink ein großes Glas Wasser (natürlich kein´ Wein)


Bevor ich jetzt noch werd´ verrückt
die Nadel in den Schenkel gedrückt
sofort "112" RTW ...
"alles gut – tut nur sehr weh"


So nimmt alles seinen Lauf
Claus wecken, der steht ganz schnell auf
die Wirkung der Spritze setzt ein
ab zur Klinik – das musste so sein


Und jetzt ist die Geschichte aus
denn ich bin wieder Zuhaus –
endlich zu Haus

Wenn du

deinen Weg gehst

stolpere

über in allen Farben und Stoffen

gewebtes Metier

falle

sich zu öffnen

teste

Offenbarungsgrenzen

verlasse

die mit Hemmungen

besäten Felder

entdecke

Kreuzungen

an denen man nicht wahllos

stehen bleiben kann

und

finde mutig das

DENNOCH

# Gehhilfe entmündigt ...

Nach gut 34 Jahren hatte ich keine – wie meine Freundin Moni aus Sylt sagen würde: „Gehhilfe" mehr - gemeint ist mein Auto.

Mit Aushändigung meines Führerscheines 1972 hatte ich einen mühsam, in etlichen Überstunden erarbeiteten, eigenen, nur mir gehörenden fahrbaren Untersatz. Nach meiner Eheschließung durfte ich den PKW meines Mannes fahren und jetzt folgt die Umstellung...

Unser jüngster Sohn Ingmar hat seinen Führerschein gemacht und beansprucht „meinen" Wagen, um am Morgen täglich von Montag bis Freitag zur Ausbildungsstätte und am Abend wieder zurück zu fahren. OK – das ist natürlich auch wichtig und ganz in meinem Sinne, zumal mein Mann inzwischen einen Wagen für sich und seine Touren zu Felde hatte.

Während Ingmar sich auf seinem Heimweg befindet, verbreitet unser ältester Sohn Stephan leichte – für ihn selbst sicher nicht wahrnehmbare Unruhe ...Treppe rauf, Treppe runter. Duschen, Wäsche vor die Maschine ... da wird gestylt, gesprüht, die Luft angereichert mit Deo, Haarspray ... Unser Sohn sieht zum Anbeißen aus.

Endlich ist Ingmar zu Haus. Ingmar? Oder das Auto? Unser Toyota wechselt in wenigen Sekunden den Fahrer und den Standort.

Wenn ich mich an meine „eigentlich kaum stattgefundene" Jugend erinnere und ich mich in Stephans Lage und Gefühle versetze, ist auch das in meinem Sinne! Auch, wenn es Momente gibt, wo wir diese Situation nicht so einfach annehmen können.

Das Auto fehlt spontan – so spontan kann ich Stephan nicht per Handy nach Haus ordern – ich sage Termine ab oder vereinbare gar nicht erst welche.

Aber – bei aller Liebe: Zur Gewohnheit darf diese Situation nicht werden.

# Ruhe und Frieden

der Sturm ist demütig gen Osten gereist
und zieht eine leichte, wohltuende Brise hinter sich her.

Es riecht nach Ernte, Stroh, nach Erde – nach Neubeginn.
Der Bürokram, die Abrechnung unserer Ernte liegt bereits
2 Wochen abgehakt im Schreibtisch.
Ob sich das finanzielle Ergebnis schon auf dem Konto sehen
lässt?

Bodenbearbeitung und Rapsaussaat bestimmen den Tag.
Weich und fast noch lauwarm streichelt mich der Wind.
Es ist der erste Tag in diesem Quartal, an dem ich die
schönsten Momente auf unserer Terrasse genieße.

Die Tiere haben bereits ihr Schlafquartier bezogen.
Kein Reh, kein Hase, Kaninchen, Fasan zeigt sich noch.

21 Uhr – sogar die Schwalben haben sich zu ihrem Nachwuchs
gelegt und auch die Fledermäuse starten heute keine
Tiefflüge.

Die Welt um mich herum fällt in den Schlaf.

Die Brise aus Südwest legt sich und wiegt nur noch wenige
Blätter.

Ruhe und Frieden kehren ein

# Herrchen und seine Hunde ...

oder auch: Der Apfel fällt nicht weit vom Stamm ...

Jussy wird bereits 13 und ihr Sohn Tacco 10 Jahre alt.
Immer wieder haben sich erwähnenswerte Momente mit dem
Zusammenleben unserer beiden Jack Russell Wuffies ergeben.

Der Apfel fällt nicht weit vom Stamm ... diese Aussage gilt
icht nur für Kinder und deren Eltern – offensichtlich gilt es
auch für Herrchen und deren Hunde.

Als Jussy und Tacco noch klein waren, war es für sie nicht
immer erlebenswert, nur zu Hause zu sein. Wie unsere Kinder
wollten auch die Hunde hinaus in die weite Welt.

Claus und ich hatten Bedenken, dass die Hunde wildern oder
„vorn" (250 m von uns entfernt) an der Straße angefahren
werden könnten.

Somit achtete ich akribisch darauf, dass die uns so lieb
gewordenen Mitbewohner dieses Hauses nicht den Hof verlie-
ßen.

Beide saßen immer – ganz teilnahmslos – auf der Stufe vor der
Eingangstür und taten so, als sei alles um sie herum
uninteressant.

Dennoch nahm ich ihre in alle Richtungen schnuppernden Nasen
wahr und ahnte schon, dass die Hunde nicht mehr lange auf
ihrem Platz aushalten würden.

So schaute dann immer einer von ihnen – z.B. Jussy, völlig un-
bekümmert nach hinten und registrierte meine Anwesenheit. ...

ich konnte ihre Gedanken lesen „Mist - Frauchen hat uns immer noch im Blickfeld".

Das rettende Telefon klingelte und Frauchen musste bewaffnet mit Kugelschreiber und Zettel irgendwelche Notizen aufschreiben.

Das war die Gelegenheit „Tacco, komm, wir machen uns auf den Weg zu Oma und Opa".

Vor sich hin schnuppernd, als würde sie kein Wässerchen trüben, spielten sie sich langsam Richtung Werkstatt, drehten noch mal kurz um, nahmen mich nicht wahr, stutzten noch mal kurz in alle Richtungen blickend, liefen zielgerade zum Waschplatz, drehten sich noch mal kurz um, immer noch kein Frauchen in Sicht und ab zu Oma und Opa - da gibt es Leckerlis !

Damit sind wir wieder am Anfang der Geschichte:

Eigentlich ist ja gleich Mittagessen. Frauchen blickt aus der Tür. Kartoffeln kochen über...

Der Weg ist frei

Ich schau noch mal aus der Tür.

Claus geht erst zweifelnd (in Hausschuhen), dann zielgerade zum Waschplatz. Dreht sich um, sieht mich nicht ...macht plötzlich den ersehnten Bogen zu Oma und Opa (seinen Eltern) und freut sich auf einen Klönschnack beim Leckerli (einer Flasche Bier)

Es lockt mich – muss noch mal raus
November Abendrot – alles windstill
alles ruht – kein Flugzeug – keine Stimmen
kein Motorengeräusch – alles still.

Atme leichte, salzige Ostseeluft
erst mal nur so
dann tiefer – viel tiefer – tief in die Flanken
und in den Bauch hinein.

Spüre Kraft und Heilung
der Tag sagt „Tschüß" mit einem blaßblauen
und leichten Schäfchenwolken durchzogenem Abendgebet
am Himmel.
Ich liebe es

sie auch ... sie – das ist meine JackRussell-Hündin Tessa,
etwas älter als ich ... wir genießen jeden Schritt.
Sie schnüffelt den ganzen Weg entlang
und liest „ihre Hundezeitung".

Und ich schnüffel diese unglaublich kraftspendende
klare Ostseeluft
wir können nicht satt werden
von dieser Atmosphäre

doch STOPP – wir müssen zurück
den ganzen Weg nochmal zurück
und wir träumen

von einem friedlichen, geruhsamen Abend
(relativ) kuschelig warm
bis zum Morgen in Frieden und in Liebe

# Mein Jagderlebnis

Seit Jahren biete ich den vielen verschiedenen Vogelarten in einem der Vogelhäuser unseres Gartens unweit des Küchenfensters vielseitiges Futter an.

So bleibt es nicht aus, dass mal etwas herunterfällt, was sich eine kleine Maus mopst und damit in ihrem Mauseloch verschwindet.

Seit fünf, sechs Jahren kommt ein Fasangockel und wünscht sich ebenfalls einen Leckerbissen. So wird auch ihm eine Hand voll hingestreut, mit dem Erfolg, dass er seine drei Mädels, die Hennen, zum Dinner einlädt und mitbringt.

Es kommt auch schon mal vor, dass sich zwei oder drei andere Gockel mit ihren Ladys auf den Weg machen. Jedoch werden besonders die Jungs nicht von meinem Fasan akzeptiert.

Ist nicht genug Futter da, kommt „mein" Gockel zum Küchenfenster und fordert mit lautem „Börg, Börg, Börg" Nachschub.

Doch heute, heute hatte ich Angst um ihn und sein Leben.

Heute Vormittag ist bei uns Treibjagd.

Als die Jäger ihre Position einnehmen und langsam über unser Feld aufs Haus zukommen, taucht auch mein Fasan zur gewohnten Zeit auf, obwohl er zur Umgewöhnung seit zwei Wochen erst am Nachmittag etwas hingestreut bekommt.

Schnell gehe ich raus um ihn zu verscheuchen. Jedoch denkt er, dass es jetzt etwas für ihn gibt.

So laufe ich kurz ins Haus, hole Futter und streue es ihm direkt vor dem Garagentor aus, wo die herannahenden Jäger ihn nicht gleich sehen können.

Sie kommen immer näher. Auch ein Jagdhund ist dabei.

Draußen stürmt es und es zieht im Haus, so dass ich ein Fenster schließe... wohl etwas zu laut.

Mein Fasan reagiert sofort und versteckt sich total erschrocken sehr genial unter einem dicht verzweigten Busch an der Hauswand.

Die Jäger gehen mit dem Hund vorbei und mein Gockel überlebt unentdeckt.

...Dafür gibt es jetzt eine kleine Extra Portion Futter :-)

# Diese Farbe

konnte mich nicht sattsehen

ein scheinbar unendlich sich ausbreitendes Meer

Myriaden Blüten in Gelb

Stand ganz nah an dem Feld

welch ein Kontrast zum tiefblauen Himmel


Atme schweren, süßen Duft

höre Bienen summen

öffne langsam meine Augen:


Draußen ist Winter

erste Flocken fallen

auf dem Frühstückstisch

schenkt mir ein Glas Rapshonig


... den Sommer

# WEIHNACHTSBÄCKEREI

In den letzten Tagen wollte es gar nicht recht hell werden.

Dicke Nebelschwaden hüllten unser kleines Dorf in dichtes Grau. Meine Kinder hatten keine Lust draußen zu spielen und zerrten mich immer aufs Neue, mit ihnen auf dem Fußboden Türmchen zu bauen oder mit ihren Spielzeugautos zu fahren.

Da hatte ich eine Idee!

Ohne mir vorher auszumalen, wie der uns bevorstehende Nachmittag enden würde, verkündete ich:

„Passt mal auf ihr drei – bald ist Weihnachten und Mama will mit euch basteln und backen."

Was sollte man nur zuerst machen, strahlten mich die Kinderaugen an -

Während Stephan und Jens Kuchenrolle, Backblech und Rührschüssel hervorkramten, räumten Ingmar und ich die Spielsachen zusammen.

Rasch alle Zutaten auf den Tisch gestellt, plante ich ein Blech mit Zimtsternen, eines mit Anisplätzchen und eines mit Kokosmakronen zu backen.

Aber da ging es schon los:

Während Butter, Zucker und Mehl von mir abgewogen wurden, warf Stephan 4 Eier mit Schale in die Rührschüssel und Jens gab kreischend ein Paket Puderzucker hinzu. Der Jüngste,

Ingmar, amüsierte sich, als schien er zu wissen, dass das nicht so sein sollte und mich strapazieren würde.

Was nun? Ich entschloss mich, die ohnehin nicht mehr gut funktionierende Waage in den Küchenschrank zu stellen und – um meine Nerven zu schonen – die Backzutaten nach Augenmaß zu dosieren.

„Noch mehr Mehl!" rief Stephan und ehe ich es hätte verhindern können, war der Teig um ca. 400 g schwerer.

Ich schluckte ... „Macht nichts" erklärte ich dann, um nicht die Geduld zu verlieren und den Kindern die Freude am Backen zu nehmen. „Wir geben einfach noch ein wenig Milch, Butter und Eier hinzu .... dann stimmt es wieder ... relativ".

Wir teilten das Gemisch in 4 Portionen und veränderten den Geschmack mit vielen verschiedenen Gewürzen. Nun wurde der Teig auf den Tisch gegeben, ausgerollt und

von den Kindern individuell ausgestochen.

Endlich ging es ans Backen und es war spannend, was wir aus dem Ofen zogen.

Nachdem !!!NEUN!!! Bleche fertig waren und ich Dosen zur Aufbewahrung dieser mit so viel Mühe und Liebe gebackenen Kuchen suchte, war es für die Kleinen schon fast Schlafenszeit.

Auf das Abendessen wollten meine Jungen nach dem ganzen Probieren verzichten – es sollte doch jetzt ans Basteln gehen.

„Hattest du doch versprochen" gab Stephan von sich ... „du doch verpochen" plapperte Ingmar hinterher, während er mit dem Kekse reinstopfen beschäftigt war.

Nun gut, dachte ich – nur noch schnell den Rest der Zutaten wegstellen. Ich öffnete die Tür des Hängeschrankes und da geschah das Unglück – eine Tüte Brathähnchengewürz fiel heraus, platzte und verteilte sich auf dem darunter liegenden, frisch gebackenem, duftenden Gebäck.

Mir schossen die Tränen in die Augen.

In diesem Moment kam mein Mann herein, sah auf das "Malheur" und brach in ein schallendes Gelächter aus.

Er nahm mich tröstend in die Arme und sagte: „Hallo ihr kleinen Zauberer, ist das nicht ein lustiger Nachmittag? Ich habe mir schon immer mal so richtige Pfefferkuchen und Gewürzplätzchen aus Thomsens Kinderbäckerei gewünscht!"

Während ich mit einem Pinsel die Plätzchen von dem Gewürz befreite, holte mein Mann die Tannenzweige aus dem Garten und wir banden gemeinsam einen Kranz zusammen.

Dabei erzählten wir den Kindern von den Bräuchen des bevorstehenden Festes und von der Adventszeit, von den Liedern, die gesungen und den Lichtern, die angezündet werden: „Erst eins, dann zwei, dann drei, dann vier - dann steht das Christkind vor der Tür", erklärte ich.

Müde, in die dicke Bettdecke gekuschelt, meinte Stephan:

Mami, mach doch gleich alle 4 Lichter an, dann brauchen wir auf den Weihnachtsmann nicht mehr so lange warten .......

# DIE BESCHERUNG 1985

Jedes Jahr zu Weihnachten stellen sich besondere Dinge ein.

Kein Jahr gleicht dem anderen und es kann auch mal eine
besondere Bescherung geben ... wie vor fast 40 Jahren

In diesem Jahr war es schon außergewöhnlich, dass wir
Norddeutschen weiße Weihnachten hatten. Reichlich Schnee
war über Nacht aus den dunklen Wolken gefallen und trotz
klirrender Kälte nutzten alle Kinder aus unserem Dorf die
Gelegenheit, einen Weihnachts-Schneemann zu bauen.

Als es am Nachmittag dunkel wurde, kamen unsere Kinder ins
Haus, um drinnen weiter zu toben.

Sie fragten mich ständig, wann es denn nun soweit sei. Rote
Bäckchen verrieten ihre Aufregung: „Wann war endlich die
Bescherung? Sollten wir das Gedicht noch einmal proben?"

Wie in den vergangenen Jahren bereitete ich das Essen für
meine Eltern, Schwiegereltern und meine Familie zu und konnte
den Kindern nicht die übliche Aufmerksamkeit zukommen las-
sen.

Wie schön, dass Oma Lene und Opa Kurt fast nebenan wohnen.
Die zwei Buben stülpten ihre dicken Pudelmützen über, zogen
einen warmen Ski-Anzug an, schlüpften in ihre Schneestiefel
und weg waren sie.

Da Kochen eine Leidenschaft von mir ist, genoss ich die Ruhe und freute mich über das gelungene Menü.

Nachdem mein Mann und ich uns für den Abend umgezogen hatten, kamen unsere Kleinen von den Großeltern zurück, um sich zu duschen und umzuziehen.

Sie waren irgendwie verändert. Viel ruhiger als sonst...

Ohne den üblichen Streit, wer als erstes ins Bad geht, zogen sie sich um.


Inzwischen trafen unsere Eltern ein und in herzlicher Atmosphäre sagten unsere Söhne ihr Gedicht auf, bevor es ins Wohnzimmer ging, in dem der mit roten Kerzen geschmückte Baum stand.

Wieder fiel mir etwas Bedrückendes auf. Es war nicht so wie sonst. Alle Heiterkeit schien gezwungen.

Endlich kamen meine Schwiegereltern mit der Sprache raus:


Während mein Mann im Stall die Tiere versorgte, ich in der Küche das Festmenü brutzelte und die Kinder bei Oma und Opa waren, sind sie wohl einen Moment unbeaufsichtigt gewesen und in die Garage gegangen, um sich den neuen Mercedes anzusehen, den sich Oma und Opa zu Weihnachten gegönnt hatten.

Grau war er – groß und grau. Im Nebel würde man ihn sicherlich nicht sehen können. Wie schön, dass Oma zum Basteln Spraydosen in allen möglichen Farben im Bord der Garage stehen hatte. So konnten sich die Jungen nützlich machen und dem grauen Vehikel ein bisschen Farbe verleihen

Für die Kinder mag es sicherlich die schönste Bescherung gewesen sein …

für die Kinder …!

Für meine Schwiegereltern hatte glücklicherweise die nicht weit von uns entfernte Autowerkstatt noch zufällig durch einen anderen Notfall geöffnet und konnte den Wagen mit Nitroverdünner reinigen und auch noch durch die Waschanlage schicken

# Kauf ich Hefe?

Ende Dezember steht sie auf meinem Einkaufszettel

Einiges befindet sich bereits im Einkaufswagen. Kartoffeln, Zwiebeln, Kohlrabi, Wurzeln, Kräuterquark, Milch, Butter... Im Kühlregal ist noch reichlich Hefe vorhanden!

Die Verkäuferin (Kerstin G.) bemerkt meinen Blick und erkundigt sich nach meiner Suche. „Nein, ich kann mich nur gerade nicht entschließen Hefe einzukaufen"...

So erkundigt sie sich, was denn noch zum Abschluss dieses Jahres gebacken werden sollte.

„Tja", eigentlich backe ich schon seit 44 Jahren, jedes Jahr Förtchen für die Familie am Silvestertag. Aber irgendwie fehlt jetzt die Kraft und Lust dazu".

Ihre Kollegin, die mich auch als langjährige Kundin kennt, unterbricht uns im Gespräch, nimmt mich liebevoll in den Arm und sagt: „Frau Thomsen, sehen sie nicht, dass unsere Hefe komplett ausverkauft ist?

Denken sie doch auch mal an sich und machen das, wozu sie Lust haben. Einmal nach den Feiertagen, wo sie für alle da waren, zur Ruhe kommen und entspannen... und sich vielleicht von ihrer Familie mal zum Förtchenessen oder zum Mittag- oder Abendessen einladen lassen, wo auch sie dann mal genießen dürfen und nicht noch die Küche putzen müssen..."

Guten Rutsch in ein gesundes, friedliches und entspanntes neues 2024

Jahrtausendwende

Wühle in alter und neuer Erde

suche Ton allen Formats

Pflanzen jeglicher Struktur

werden umgetopft

... bis mir jemand den Spaten reicht...

# Johrestieden – wat is dat för een schöne Tied

Flocken fallt und farvt dat Land
Schneewitt liggt dor uns Ostseestrand
De Wellen toben bannig wild
Storm bruust dörch dat dichte Schilf
Düstere Wulken brut sick fass tosom
Un keen Minsch mog no buten gohn
Mitünner schniet wie so richtig in
denn is dat ganz gemütlich binn


Wat is dat för een schöne Tied
denn weddermol is dat so wiet
De nächste Johrestied steiht an
Dörch geele Rapsfelder fohrt wie dann
Du treckst den dicken Pulli ut
Sittst ob een Bank und kiekst mol rut
De Grill mut an – dat is doch klor
nen Segeltörn wie jedet Johr
un buten in de Fröhjahrsnacht
dor heff ick manichmol schon dacht


Wat is dat för een schöne Tied
denn weddermol is dat so wiet

De Sünn steiht ganz boben ant Firmament
Keen een givt dat nu – de länger pennt
Denn alle wüllt den Sommer sehn
De Bloomen, blöht so wunnerschön
Wenn´t Korn riep is und erntet ward
Sitt wie ant Füer in de Sommernacht
Slopen kunn ick dor nümmer nich
un Swimm in de Ostsee is een Gedicht


Wat is dat för een schöne Tied
Denn weddermol is dat so wiet


Dor steiht de Harvst all för de Dör
bringt veel Nööt to´n Knacken her
Vogels no Süden treckt geschwind
un Blääder danzen sacht inne Wind
Een Brise weiht dör de Farbenpracht
Bloomen  blöht mit letzte Kraft
Inne Nebel ganz lies verswunnen sünd
un Drachen stiegen lett een Kind


Wat is dat för een schöne Tied
Denn weddermol is dat so wiet …


De Winter steiht nu för uns Dör´n
un allns beginnt wedder vun vörn

# Inhaltsverzeichnis

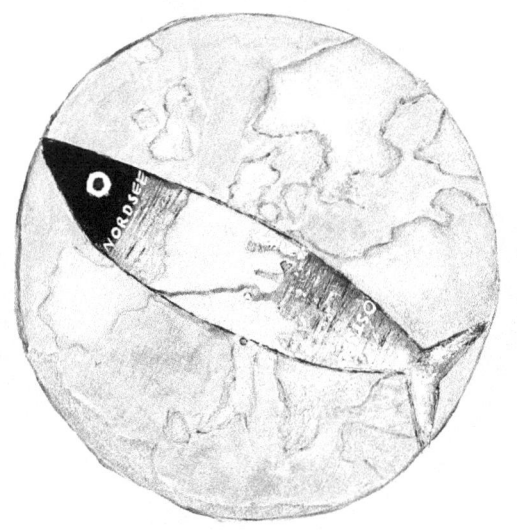